AF363658

DISCUSSION
DU PROJET
DE CODE CIVIL.

N.° 8.

SÉANCE du 6 Fructidor, an 9 de la République.

LE **P**REMIER **C**ONSUL préside la séance.

Les deux autres Consuls sont présens.

Le C. **T**HIBAUDEAU présente le titre *des Actes destinés à constater l'État civil.*

L'art. I.ᵉʳ est soumis à la discussion ; il est ainsi conçu :
« Les actes de l'état civil énonceront l'année, le jour
» et l'heure où ils seront reçus, les prénoms, noms, âge,
» professions et domiciles de tous ceux qui y seront
» dénommés. »

Cet article est adopté.

L'art. II est soumis à la discussion ; il est ainsi conçu :
« Les officiers de l'état civil chargés de recevoir ces
» actes, ne pourront y rien insérer, soit par note, soit
» par énonciation quelconque, que ce qui doit être
» déclaré par les comparans. »

Le C. **F**OURCROY demande qu'on exprime que les actes seront faits en français.

Le C. **R**EGNAUD (de Saint-Jean-d'Angely) observe qu'il importe de savoir d'abord quels officiers seront chargés de recevoir ces actes ; parce que si cette fonction est confiée aux maires, dans les départemens réunis, les actes ne pourront être rédigés qu'en allemand.

A

Le **Premier Consul** dit que les formules des actes seraient si simples, qu'il deviendra facile de les copier dans tous les départemens ; qu'il est même avantageux d'accoutumer tous les Français à se servir de la langue nationale.

Le C. **Regnaud** (de Saint-Jean-d'Angely) dit que déjà des formules d'actes, rédigées par la section de l'intérieur, ont été envoyées aux officiers de l'état civil ; et que néanmoins, dans les départemens réunis, on a continué de rédiger les actes en allemand.

Le C. **Boulay** observe que l'objet dont le Conseil s'occupe est purement réglementaire.

Le **Consul Cambacérés** demande s'il ne serait pas nécessaire de s'expliquer sur l'application de la loi du timbre aux actes de l'état civil.

Le C. **Duchâtel** rappelle que la loi s'en est elle-même expliquée.

L'article est adopté.

L'article III est soumis à la discussion, et adopté ; il est ainsi conçu :

« Dans les cas où les parties intéressées ne seront
» point obligées de comparaître en personne, elles pour-
» ront se faire représenter par un fondé de procuration
» spéciale et authentique. »

L'art. IV est soumis à la discussion ; il est ainsi conçu :
« Les témoins appelés aux actes de l'état civil ne
» pourront être que du sexe masculin, âgés de vingt-un
» ans au moins , et choisis par les personnes intéressées. »

Le **Ministre de la Justice** demande pourquoi l'article dit que les témoins seront choisis par les personnes intéressées. Ce choix ne peut avoir lieu dans les actes de naissance et de décès.

Le C. **Thibaudeau** répond que, dans tous les cas, il y a des personnes intéressées.

Le C. **Tronchet** observe qu'il n'y en a pas lorsqu'un individu meurt loin du lieu de son domicile et dans un pays où il est inconnu ; qu'il en est de même lorsqu'un enfant nouveau né a été exposé.

Le C. **Rœderer** demande pourquoi les hommes seuls

sont admis à être témoins : autrefois les femmes y étaient également admises.

Le C. THIBAUDEAU répond qu'autrefois on ne distinguait pas, dans les actes de naissance, les témoins d'avec les déclarans ; le parrain et la marraine remplissaient les deux ministères : c'est la disposition formelle de l'art. 4 de la déclaration de 1736. Mais depuis, la loi du 21 septembre 1792 les a distingués, et a imposé à certaines personnes l'obligation de faire une déclaration : elle ne distingue pas, à cet égard, entre les hommes et les femmes ; mais elle n'admet que les hommes à servir de témoins.

Le C. RŒDERER dit que les femmes sont celles qui, ordinairement, peuvent le mieux attester le fait de la naissance.

Le C. BOULAY dit qu'elles le certifieront comme déclarantes.

Le C. THIBAUDEAU dit qu'il ne faut pas confondre les déclarans avec les témoins appelés pour donner à l'acte la forme solennelle.

Le C. CRETET rappelle l'observation du C. *Tronchet* sur le choix déféré aux parties intéressées.

Le C. BOULAY dit que les hypothèses présentées par le C. *Tronchet* sont rares.

Le C. BIGOT-PRÉAMENEU dit que, pour prévenir toute difficulté, on avait proposé de faire appeler les témoins par les déclarans. Il serait utile aussi de prononcer formellement que les parens pourront servir de témoins. Les officiers de l'état civil ne les ont pas repoussés jusqu'ici ; mais les tribunaux demandent que la capacité des parens soit déclarée par une disposition expresse.

Le C. BOULAY objecte qu'il est des actes qui, par leur nature, n'admettent pas de déclarans ; qu'ainsi la rédaction que rappelle le C. *Bigot-Préameneu* ne serait pas assez générale ; que l'expression *les parties intéressées* n'exclut pas les parens.

Le C. REGNAUD (de Saint - Jean - d'Angely) dit que l'amendement du C. *Bigot-Préameneu* tend à préven les caprices des officiers de l'état civil.

Il propose d'ajouter *ou appelés par l'officier publi* ; afin que cet officier ait une règle sûre pour les cas où personne ne serait intéressé à présenter des témoins, comme, par exemple, lorsqu'on trouve un cadavre ou un enfant exposé.

Le C. RŒDERER demande qu'on substitue le mot *produits* au mot *appelés*, lequel suppose une autorité que n'exercent pas les particuliers par qui les témoins sont présentés.

Le CONSUL CAMBACÉRÉS propose de rédiger ainsi : « Les actes de l'état civil seront reçus en présence de » témoins. »

L'article est adopté avec les amendemens du C. *Bigot-Préameneu*, et la substitution du mot *produits* au mot *appelés*.

Le C. DUCHÂTEL propose de retrancher le mot *que*, en tant qu'il s'applique à ces mots, *choisis par les personnes intéressées*.

Cet amendement est adopté.

L'art. V est soumis à la discussion ; il est ainsi conçu : « Ces actes seront signés par l'officier de l'état civil et » par toutes les parties comparantes, ou mention sera » faite de la cause qui les empêche de signer. »

Le CONSUL CAMBACÉRÉS dit que ces mots, *ou mention sera faite de la cause qui les empêche de signer*, semblent, d'après la forme de la rédaction, s'appliquer aussi à l'officier de l'état civil ; qu'il convient de faire disparaître cette ambiguité.

L'article est adopté avec l'amendement du Consul.

L'art. VI est soumis à la discussion ; il est ainsi conçu : « L'officier civil en donnera lecture aux parties com- » parantes ou à leurs fondés de procuration, et aux » témoins : il y sera fait mention de l'accomplissement » de cette formalité. »

Le C. REGNAUD (de Saint-Jean-d'Angely) demande que cet article soit placé avant l'article V, lequel, en réglant la forme des signatures, suppose l'acte terminé.

Cette proposition et l'article sont adoptés.

L'art. VII est soumis à la discussion ; il est ainsi conçu : « Il y aura dans chaque commune, pour chaque es- » pèce d'acte de l'état civil, un registre double, dont

» l'un restera dans les archives de la commune, et l'autre
» sera déposé au greffe du tribunal de l'arrondissement :
» ils seront clos et arrêtés par l'officier de l'état civil, à
» la fin de chaque année. »

Le CONSUL CAMBACÉRÉS dit que la multiplicité de registres occasionnera beaucoup d'embarras et d'erreurs.

Le C. THIBAUDEAU dit que les rédacteurs du Code civil avaient proposé trois registres pour chaque nature d'actes ; que la section, pour prévenir la confusion et l'embarras, les a réduits à deux ; mais qu'elle a cru que ce nombre est nécessaire, afin que la perte d'un registre ne détruisît pas la preuve de l'état civil.

Le CONSUL CAMBACÉRÉS dit qu'on pourrait opérer d'une autre manière la rédaction des registres, en faisant inscrire sur le même, des actes de nature différente.

Le C. THIBAUDEAU observe que la diversité des formules s'y oppose.

Le C. REGNAUD (de Saint-Jean-d'Angely) dit que cet obstacle n'est pas réel, parce que les formules ne sont pas imprimées dans les registres qu'on distribue aux petites communes ; on se contente de les placer au premier feuillet. Mais il y aurait un autre inconvénient à n'employer que deux registres pour les actes de l'état civil ; il en résultera un conflit entre les autorités administratives et judiciaires.

Les tribunaux prétendront avoir, comme autrefois, le droit de décider sur les questions qui s'éleveront sur la réception et la rédaction des actes, et de devenir dépositaires de l'un des registres : ainsi les préfets se trouveraient privés des élémens dont ils ont besoin pour former les tables décennales.

L'opinion du C. *Regnaud* est qu'indépendamment du registre qui reste à la commune, il en doit être remis un au tribunal et un autre à l'administration ; que si l'on persiste à n'établir que deux registres, le double qui ne reste pas à la commune doit être remis aux autorités administratives.

Le CONSUL CAMBACÉRÉS dit qu'il existe des règles certaines pour faire cesser le conflit dont a parlé le C. *Regnaud* ; que d'ailleurs, en substituant les officiers civils aux ministres du culte, rien n'a été changé dans la législation à l'égard du jugement des questions d'état, qui reposent toujours sur la validité des actes de l'état civil.

Les fonctions des officiers de l'état civil se réduisent à recevoir les actes ; c'est à l'autorité judiciaire qu'il appartient de prononcer sur les difficultés qui s'élèvent à raison de ces mêmes actes.

Quant à la confection des tables décennales, jusqu'ici on l'a tentée sans succès, et les efforts qu'on a faits pour y parvenir n'ont servi qu'à prouver qu'elle est très-difficile.

Le C. REGNAUD (de Saint-Jean-d'Angely) convient que le jugement des questions d'état n'appartient qu'aux tribunaux ; mais il pense que la signature et le paraphe des registres n'appartiennent qu'à l'administration. La section déroge à ce dernier principe : c'est une innovation qui peut être utile, mais qui mérite d'être mûrement examinée.

Le C. RŒDERER dit que les officiers de l'état civil seront nécessairement pris parmi les agens de l'administration. On ne voit dans l'ordre judiciaire que les juges de paix qui pourraient recevoir les actes de l'état civil ; mais ces fonctionnaires ne sont pas assez nombreux pour qu'il soit possible de les en charger. Si donc il est inévitable de confier ces fonctions à des agens administratifs, on ne peut se dispenser aussi de faire déposer les registres entre les mains d'administrateurs, parce qu'il faut les porter à ceux qui ont caractère pour en surveiller la tenue, et que des agens d'administration ne sont soumis qu'à la surveillance de leurs supérieurs dans l'ordre administratif.

Les contestations sur l'état civil sont rares ; mais quand il s'en élevera, les tribunaux pourront les décider sur les extraits de registres que leur délivrera l'administration.

Si autrefois les registres étaient déposés au greffe des bailliages royaux, c'est qu'alors ils étaient tenus par les curés, et que les bailliages étaient les autorités auxquelles la loi déférait la réception des curés : ainsi l'analogie, en sens inverse, renvoie aujourd'hui le dépôt des registres aux supérieurs administratifs. Les préfets d'ailleurs ont intérêt de connaître la population de leurs départemens respectifs, et de la faire connaître au Gouvernement.

Le C. PORTALIS répond que les tribunaux sont aussi dans la République, et ont autant d'intérêt que toute autre autorité à la servir avec zèle.

Il faut distinguer la police d'administration, qui n'appartient pas aux autorités judiciaires, d'une autre police qui ne peut leur être contestée : c'est cette dernière police qui doit veiller à la conservation d'un dépôt permanent, tel qu'est celui des registres de l'état civil ; elle le doit, parce que les tribunaux sont des corps permanens qui ne sont pas exposés à changer comme les préfets. Il est même naturel que les registres soient déposés près de l'autorité qui prononce sur les altérations : on n'ôte rien par-là aux préfets ; car les fonctions de la police administrative se bornent à pourvoir les communes de registres. Si ensuite ces registres sont altérés, il s'élevera ou un procès criminel ou une contestation civile qui ne regarde plus que les tribunaux. L'état civil, en effet, est une propriété qui, comme toutes les autres, est sous la protection de la justice : c'est cette considération seule qui, dans le temps que les registres étaient tenus par les curés, a déterminé à les faire déposer dans les bailliages ; c'est afin qu'ils fussent conservés par l'autorité chargée de protéger l'état des citoyens. Cette protection sera d'ailleurs bien plus efficace que celle d'un préfet, qui n'a pas, comme les commissaires du Gouvernement, le pouvoir de dénoncer les officiers négligens ou prévaricateurs, et qui, distrait par d'autres soins, n'userait pas de ce pouvoir s'il lui était donné.

Mais, dit-on, le préfet peut avoir besoin de connaître la population de son département.

Quand ce besoin existera, le commissaire du Gouvernement requerra que les registres et tous les renseignemens nécessaires soient communiqués au préfet ; et l'on ne doit pas craindre que le commissaire ne fasse pas son devoir, car il peut être destitué.

Le C. REGNAUD (de Saint-Jean-d'Angely) observe que le C. *Portalis* raisonne dans les principes du système ancien, où la haute police d'administration était confiée aux sénéchaussées et aux parlemens : aujourd'hui cette police appartient aux autorités administratives, lesquelles ne sont pas moins permanentes que les tribunaux.

Les maires sont nommés ou installés par les préfets, et ne peuvent être mis en accusation sans l'autorisation du préfet : celui-ci a donc sur eux la surveillance et la police, et dès-lors il a le droit de les dénoncer. En suivant dans toutes ses conséquences le système du C. *Portalis*, il faudrait en conclure aussi que les tribunaux, comme chargés de punir les prévarications, doivent avoir le dépôt des archives des communes.

Cependant si le Conseil décidait que le double du registre sera déposé aux tribunaux, il serait nécessaire de faire recevoir les actes de l'état civil, non par les maires, mais par les notaires, afin qu'ils le fussent par un officier placé naturellement sous la surveillance judiciaire.

Le C. BOULAY dit que les notaires ne sont pas assez multipliés pour qu'on puisse les charger de ces fonctions.

Il ajoute qu'autrefois on ne tenait que deux registres, dont un était déposé aux tribunaux, et que la législation nouvelle n'a rien changé à cet ordre. Il faudrait donc aujourd'hui, si l'on voulait l'intervertir, ou dépouiller les tribunaux, ou faire tenir un troisième registre : or les tribunaux continuant de prononcer sur les questions d'état, il n'y a pas de motif de leur ôter le moyen de s'éclairer ; il n'y en a évidemment pas qui justifie l'utilité d'un troisième registre.

Le MINISTRE DE LA JUSTICE dit que la tenue d'un second registre n'est pas fondée sur des raisons de juridiction ; qu'elle n'est établie que pour la sûreté de l'état des citoyens : il convient donc de ne l'ordonner que dans cette vue, et pour que la perte d'un registre n'entraîne pas celle des droits de famille. Les raisons de juridiction écartées, une autorité n'est pas plus appelée qu'une autre à devenir dépositaire du second registre ; et alors on ne doit plus se déterminer, dans son choix, que par la sûreté et par la commodité des citoyens. Le dépôt dans un greffe permanent, bien organisé, bien surveillé, présente une grande sûreté : il est aussi plus commode pour la majorité des citoyens, d'aller interroger les registres dans un tribunal placé près d'eux qu'au chef-lieu de leur département. Pour leur ménager la même facilité, il faudrait déposer le registre dans les sous-préfectures, si l'on préférait de le confier aux autorités administratives.

Le C. DEFERMON observe que, sous la précédente Constitution, il n'y avait qu'un tribunal civil par département, et par conséquent un dépôt unique des registres : en multipliant davantage les dépôts, on en affaiblirait la sûreté.

Le C. RŒDERER dit que les chefs-lieux de département sont aussi immobiles que les siéges des tribunaux ; que d'ailleurs les grandes attributions dont les préfets sont chargés aujourd'hui, exigent qu'ils aient des archives organisées.

Le C. TRONCHET dit que la commission, en s'occupant des registres de l'état civil, a sur-tout eu en vue d'assurer l'état des citoyens. Cette propriété

précieuse repose, comme les autres, sous l'égide des
tribunaux ; c'est pourquoi les tribunaux doivent viser et
parapher les registres qui en sont le fondement : si on
leur ôtait ce droit, ils seraient réduits à faire vérifier
la signature et le paraphe du préfet à chaque difficulté
qui leur serait soumise.

Pour tout concilier, la commission avait proposé de
faire tenir le registre triple, afin qu'un exemplaire donnât
à l'administration des élémens de statistique ; un autre
serait resté à la commune pour que les citoyens pussent
lever, sans se déplacer, les extraits dont ils auraient
besoin. Elle avait pensé que ce registre pourrait être
transmis d'un maire à un autre, de la même manière
qu'il l'était sous les curés, et comme les minutes des
notaires le sont à leurs successeurs ; elle avait considéré
encore que les fonctions de maire étant gratuites, on y
attachait une légère indemnité, en laissant à ces fonctionnaires la rétribution que produit la levée des extraits ;
et que cette rétribution leur échapperait, si on leur
enlevait les registres des années antérieures à l'année
courante ; que peut-être cette privation les rendrait
moins soigneux dans la tenue des registres.

Le C. RŒDERER observe ,

1.° Que si l'état civil est une propriété, l'état politique en est une aussi, et que cependant l'administration
est dépositaire des registres qui le constatent ;

2.° Que puisque, dans tous les systèmes, il doit de-
meurer un registre dans la commune, la crainte d'occa-
sionner des déplacemens aux citoyens ne peut influer
sur le choix du lieu où sera déposé le second ;

3.° Que l'intérêt de suppléer un registre perdu n'est
pas le seul motif qui en fasse établir un double ; que
ce mode est exigé par la nécessité d'inspecter les registres, et de les inspecter fréquemment, sur-tout aujour-
d'hui que les fonctionnaires chargés de les tenir n'ont
pas encore acquis l'habitude de leurs fonctions ; que cette
inspection ne peut être faite que par l'administration , si
les officiers de l'état civil sont de l'ordre administratif ;

4.° Qu'il serait impossible à un préfet de donner de
fréquens documens sur la population, s'il était obligé
de les rassembler ; que même il deviendrait difficile de les
rassembler, parce qu'un greffier, comme tout autre dépositaire, ne pouvant perdre de vue son dépôt, le préfet
serait obligé d'envoyer prendre des renseignemens sur
les lieux ;

5.º Que, si l'on allègue devant les tribunaux des altérations de registres, ou qu'il y ait d'autres doutes, on fera devant eux la même preuve que lorsqu'il s'agit d'une question d'état politique.

Le CONSUL CAMBACÉRÉS dit qu'on n'a point encore prononcé sur les fonctionnaires qui tiendront les registres de l'état civil. La loi du 19 vendémiaire en chargeait les maires; l'expérience a prouvé que ce mode présentait de graves inconvéniens. Peut - être établira-t-on des fonctionnaires *ad hoc*; et alors il sera facile de les placer soit dans la hiérarchie administrative, soit dans la hiérarchie judiciaire.

Au surplus, la question se divise.

Il y a quelque avantage à faire parapher les registres par les préfets ou par les sous-préfets, et à les autoriser à diriger, par des instructions, les officiers chargés de tenir ces registres. Lorsque les actes sont dressés, ils doivent être tout-à-fait étrangers à l'administration : si elle en conservait l'inspection, bientôt elle réclamerait le droit de les rectifier; et, par ce moyen, elle acquerrait le droit de prononcer sur les questions dont la solution ne peut appartenir qu'aux juges.

Il est vrai que la difficulté de former des tableaux statistiques subsistera ; mais, comme on l'on déjà observé, l'expérience a découvert que cette mesure serait presque impossible à exécuter : comment, d'ailleurs, réunir à la préfecture tous les élémens des tables décennales ! Un département composé de quatre mille communes, fournirait par an douze mille registres, et par dix ans cent vingt mille : quel vaste local il faudrait pour placer une collection si immense ; laquelle, d'ailleurs, exigerait l'institution d'un garde des archives particulier.

Enfin le dépôt des registres à une autre autorité que celle qui les prend pour base de ses décisions, produit des contestations perpétuelles : les administrations se refusent souvent à livrer ces registres aux tribunaux.

Le C. TRONCHET dit qu'il n'est pas indifférent de laisser ou d'ôter aux tribunaux le droit de parapher les registres. Lorsque le signataire est pris dans leur sein, ils ne peuvent être ni trompés ni en doute sur sa signature.

Le C. BOULAY observe que le Conseil a été forcé d'autoriser beaucoup de mises en jugement pour altérations de registres faites par des maires.

On passe à la discussion de la question de savoir si l'on

inscrira plusieurs espèces d'actes sur un même registre.

Le C. THIBAUDEAU dit qu'en inscrivant les actes de différente nature sur un même registre, où il faudra cependant les ranger par distinction, on ne diminue que le nombre et non le volume des registres, et l'on s'expose à commettre plus d'erreurs.

Le C. DEFERMON dit que le nombre des registres est un objet purement réglementaire; que la loi doit se borner à décider s'ils seront tenus en double ou en triple.

Le C. DUCHÂTEL dit que les registres de l'état civil ne doivent pas être clos et arrêtés par celui qui les tient; qu'il convient aussi de déterminer l'époque où se fera le dépôt.

Le C. BIGOT - PRÉAMENEU propose de donner à l'officier de l'état civil la garde des registres, et de ne pas les déposer dans les archives des communes, où ils sont négligés.

L'article est adopté.

L'article VIII est adopté ; il est ainsi conçu :
« Ces registres seront cotés par premier et dernier, et
» paraphés sur chaque feuille, sans frais, par le président
» du tribunal de l'arrondissement, ou par le juge qui le
» remplacera.

L'art. IX est soumis à la discussion ; il est ainsi conçu :
« Les actes seront inscrits sur ces registres, de suite,
» sans aucun blanc, et conformément aux modèles. Les
» ratures et les renvois seront approuvés et signés de la
» même manière que le corps de l'acte. Rien n'y sera
» écrit par abréviation, ni aucune date mise en chiffres. »

Le CONSUL CAMBACÉRÉS dit que le projet de Code civil qui fut présenté au Conseil des Cinq-cents, portait aussi que les actes seraient rédigés conformément aux modèles : on réclama contre cette disposition, sur le fondement que le remplacement d'un mot par un mot équivalent, entraînerait la nullité de l'acte.

Le C. THIBAUDEAU dit que la section ne s'est pas encore occupée de la nullité des actes, et qu'elle se propose même de soumettre au Conseil la question de savoir s'il faut admettre des nullités.

Le C. TRONCHET dit que les tribunaux ont demandé

des lois sur les nullités ; mais il est impossible d'établir sur ce sujet des règles générales ; car ce sera toujours par les circonstances qu'il faudra juger de la nullité des actes. On peut cependant donner quelques règles sur les actes de mariage, parce que le contrat de mariage est précédé et accompagné de formalités et soumis à des conditions ; mais les nullités qu'on établirait pour les actes de naissance et de décès, ne détruiraient, en aucun cas, la certitude de la date, laquelle en est une des parties les plus essentielles. S'il y avait dans la date même une erreur, si, par exemple, on avait exprimé une année pour l'autre, la méprise devenant évidente par la contexture du registre entier, il y aurait lieu de rectifier et non d'annuller l'acte.

L'article est adopté.

L'article X est soumis à la discussion ; il est ainsi conçu :

« Les procurations, ou les autres pièces dont la repré-
» sentation sera exigée pour la rédaction des actes de
» l'état civil, demeureront annexées au registre, qui
» devra être déposé au greffe du tribunal, après qu'elles
» auront été paraphées par la personne qui les aura pro-
» duites et par l'officier de l'état civil. »

Le C. TRONCHET dit qu'autrefois on se bornait à faire certifier les procurations ; que ce serait engager les parties dans des frais inutiles que d'exiger d'eux des procurations authentiques.

Le C. THIBAUDEAU répond que le paraphe et la signature du porteur de la procuration ne sont que le signe de la production. Les frais de procuration sont peu considérables.

L'article est adopté.

On passe à la discussion de l'art. XI, lequel est ainsi conçu :

» Toute personne pourra se faire délivrer, par les
» dépositaires des registres de l'état civil, des extraits
» des actes inscrits sur ces registres. Ces actes, et les
» extraits qui en seront délivrés conformes auxdits re-
» gistres, feront foi jusqu'à inscription de faux. »

Le CONSUL CAMBACÉRÉS dit qu'il est nécessaire de parler dans cet article, de la légalisation des signatures apposées aux extraits délivrés.

Le C. Thibaudeau dit que c'est ici la place des dispositions qui fixeront l'indemnité due pour la délivrance des extraits.

Le C. Tronchet dit que la fixation de l'indemnité est un objet purement réglementaire ; que la loi doit se borner à indiquer le dépositaire du registre.

L'article est adopté.

L'art. XII est présenté à la discussion ; il est ainsi conçu :
« S'il n'a pas existé de registres, ou s'ils sont perdus,
» la preuve en sera reçue tant par titres que par témoins ;
» et, dans ces cas, les mariages, naissances et décès
» pourront être justifiés tant par les registres ou papiers
» domestiques des pères et mères décédés, que par té-
» moins, sauf la vérification du contraire par les parties
» intéressées. »

Le Consul Cambacérés dit que le tribunal d'appel de Lyon a demandé si la preuve admise par cet article dans le cas de la non-existence ou de la perte des registres, le serait également pour réparer l'omission des actes.

Le C. Thibaudeau répond que la loi ne doit pas prévoir d'omissions ; que les contestations auxquelles les omissions pourraient donner lieu, seront portées aux tribunaux.

Le C. Regnier ajoute qu'il n'est d'ailleurs aucun moyen de réparer les omissions sur les registres.

Le Consul Cambacérés dit qu'il faudra voir au titre *de la Paternité et de la Filiation,* si cet article ne contrarie pas les principes sur la possession d'état.

L'article est adopté.

L'art. XIII est soumis à la discussion ; il est ainsi conçu :
« Les actes de l'état civil des Français et des étran-
» gers, en pays étranger, feront foi s'ils ont été rédigés
» dans les formes qui y sont usitées. »

Le C. Tronchet propose d'ajouter à l'article, « que
» les actes faits en pays étrangers seront reportés sur les
» registres tenus en France, » attendu que ces registres doivent contenir tout ce qui concerne l'état civil des Français.

Le C. Bigot-Préameneu demande si l'omission de cette formalité opérerait la nullité de l'acte.

Le C. TRONCHET répond que non ; mais qu'il est *utile* de prescrire la transcription.

Le C. BERLIER observe qu'il serait toujours impossible de reporter l'acte à sa date sur les registres.

Le C. TRONCHET retire sa proposition.
L'article est adopté.

L'article XIV est adopté ; il est ainsi conçu :
« Dans tous les cas où la mention d'un acte relatif
» à l'état civil, en marge d'un autre acte déjà inscrit,
» sera ordonnée, elle sera faite par l'officier de l'état
» civil lorsque les registres seront encore entre ses mains,
» et par les dépositaires des registres lorsqu'ils auront
» été déposés. »

L'article XV porte : « Toute contravention aux ar-
» ticles I et II de la part des officiers de l'état civil, sera
» punie d'une amende qui ne pourra excéder cent
» francs. »

Le CONSUL CAMBACÉRÉS propose d'ajouter à l'article, « sans préjudice de peines plus graves s'il
» y a lieu. »

Le MINISTRE DE LA JUSTICE propose d'ajouter,
« et des dommages-intérêts des parties. »

L'article est adopté avec ces amendemens.

L'article XVI est adopté ; il est ainsi conçu :
« Les condamnations aux amendes et aux dommages-
» intérêts, dans les cas prévus, seront prononcées par
» le tribunal de l'arrondissement dans le ressort duquel
» les actes auront été rédigés, à la diligence des parties
» intéressées , ou du commissaire du Gouvernement,
» sauf l'appel. »

L'article XVII est soumis à la discussion ; il est ainsi conçu :
« L'officier de l'état civil sera responsable des altéra-
» tions qui surviendront aux registres pendant qu'ils
» seront en sa possession.
» La même responsabilité aura lieu à l'égard des dé-
» positaires desdits registres. »

Le C. REGNIER reproche à cet article d'établir une responsabilité indéfinie, et qui serait la même pour tous

les cas , quoique toutes les fautes ne soient pas également
graves, et ne doivent pas être punies indistinctement
avec la même rigueur.

Le C. THIBAUDEAU dit que l'article XVIII fait
les distinctions réclamées par le C. *Regnier*.

Le CONSUL CAMBACÉRÉS demande si la section
n'a pas intention de proposer un article qui défende
d'admettre la preuve outre et contre ce qui est contenu
aux actes.

Le C. TRONCHET répond que la place naturelle de
cet article est au titre *des Preuves* , et que sa disposition
doit être étendue à toutes les espèces d'actes authentiques.

Le C. MALEVILLE demande que l'article XVII soit
placé avant l'article XVI.

L'article est adopté avec cette transposition.

L'article XVIII est soumis à la discussion ; il est ainsi
conçu :
« Toute altération ou faux dans les actes de l'état
» civil, toute inscription de ces actes faite sur une feuille
» volante et autrement que sur les registres publics à ce
» destinés , seront punis des peines portées au Code
» pénal , sauf les dommages-intérêts des parties. » .

Le C. REGNIER dit qu'en rapprochant cet article
de l'article qui vient d'être adopté , on pourrait en
induire que la responsabilité indéfinie , établie par le
premier, doit être poursuivie, en vertu du second, contre
le dépositaire des registres, lorsque l'auteur du faux n'est
pas connu ; qu'il serait juste de rédiger l'article de manière à prévenir cette équivoque.

L'article est adopté avec cet amendement.

L'article XIX est soumis à la discussion ; il porte :
« Les déclarations de naissance seront faites, dans les
» vingt-quatre heures, à l'officier de l'état civil du lieu
» de l'accouchement : l'enfant lui sera présenté. »

Le CONSUL CAMBACÉRÉS dit qu'il importe de
donner à l'officier de l'état civil une règle de conduite
pour le cas où un enfant lui serait présenté long-temps
après sa naissance. La preuve d'une inscription tardive
ne laisserait pas d'avoir quelque force.

Le C. TRONCHET dit que les tribunaux des départemens réunis demandent une disposition sur ce sujet pour le passé. Ils se fondent sur ce que la tenue des registres de ces départemens a été fort négligée. Le principe général est que les tribunaux prononcent entre l'individu qui réclame son état sans produire d'acte, et les personnes intéressées à le lui contester.

Le MINISTRE DE LA JUSTICE fait observer que l'on a omis dans l'article une disposition sage de la loi du 20 septembre 1792 : cette loi autorisait le transport de l'officier en cas de péril imminent.

Le C. RÉAL dit qu'en général la présentation de l'enfant à l'officier est inutile, parce que l'acte ne tire sa force que de la déclaration.

Le MINISTRE LE LA JUSTICE soutient que l'officier doit se convaincre par ses yeux de l'existence de l'enfant.

Le C. RÉAL répond que quelquefois des obstacles naturels s'opposent à l'accomplissement de cette formalité; comme est, par exemple, la mort de l'enfant.

Le MINISTRE DE LA JUSTICE dit que, dans ce cas, on dressera un procès-verbal, dans lequel on insérera la déclaration de la naissance.

Le PREMIER CONSUL demande si le délai de vingt-quatre heures n'est pas trop court : il préfère un délai de trois jours.

L'article est adopté avec l'amendement du Ministre de la justice et celui du Premier Consul.

L'article XX est soumis à la discussion; il est ainsi conçu :

« La naissance de l'enfant sera déclarée par le père,
» ou, à défaut du père, par les officiers de santé ou
» autres personnes qui auront assisté à l'accouchement,
» ou par la personne qui commandera dans la maison
» lorsque la mère sera accouchée hors de son do-
» micile. »

Le CONSUL CAMBACÉRÉS dit qu'il serait utile d'ordonner que dans l'acte il sera fait mention du mariage du père.

Le C. RÉAL répond que ce mariage n'est pas toujours connu.

Le Consul Cambacérés dit que l'omission de la formalité qu'il propose d'établir, peut donner lieu de supposer à l'enfant un autre père que le sien.

Le C. Thibaudeau dit que la paternité est certaine par la règle, *Pater is est quem justæ nuptiæ demonstrant.*

Le Consul Cambacérés dit que cette règle n'introduit qu'une présomption qui tombe devant la preuve résultant d'un acte authentique ; que, pour justifier ce qu'il vient de dire, il faut supposer qu'un enfant soit inscrit sous le nom d'un autre père, et qu'il n'ait été reconnu ni même connu du mari de sa mère : dans ce cas, supposons que tous les actes justificatifs de la maternité de l'épouse indiquent tout-à-la-fois et indivisément, comme l'énoncé du registre public, que l'enfant est le fils d'un autre père que le mari ; supposons encore qu'il ait été continuellement soigné, élevé en secret, tant par la mère que par celui que l'acte désigne pour être le père ; dans ces circonstances, l'état ne se trouverait-il pas suffisamment établi ! et pourrait-il être question d'invoquer la règle, *Pater is est &c. !* Au surplus, le Consul ajoute qu'on pourra s'occuper de cet objet lorsqu'on discutera le titre *de la Paternité et de la Filiation.*

Le Ministre de la Justice rappelle que la loi punissait l'omission de faire la déclaration de naissance dans le délai prescrit ; il dit que, sans cette précaution, la disposition qui l'ordonne sera éludée.

Le C. Thibaudeau appréhende que la crainte d'encourir la peine n'éloigne ceux qui pourraient être témoins de l'accouchement : cette crainte a même empêché quelquefois de présenter l'enfant à l'officier de l'état civil, lorsqu'on avait laissé écouler le délai.

Le C. Réal répond que les lois de police imposant aux accoucheurs l'obligation de déclarer les enfans qu'ils reçoivent, on ne doit pas craindre de manquer de déclarans.

L'article est adopté.

L'article XXI est adopté ; il est ainsi conçu :
« Les actes de naissance seront faits de suite, en
» présence de deux témoins, lesquels signeront avec
» le père ou autres personnes qui auront fait la décla-
» ration, et l'officier de l'état civil. »

L'article XXII est soumis à la discussion.

Il porte : « Le jour, l'heure et le lieu de la naissance,
» le sexe, et le prénom qui sera donné à l'enfant, les
» prénoms, noms, profession et domicile des père et
» mère, et ceux des témoins seront exprimés dans l'acte
» de naissance. »

Le MINISTRE DE LA JUSTICE observe que l'expression, *l'heure de la naissance*, est inutile.

Le C. FOURCROY dit qu'elle est nécessaire pour distinguer l'aîné de deux jumeaux.

L'article est adopté.

L'article XXIII est soumis à la discussion; il est ainsi conçu :

« Si l'enfant naît pendant un voyage de mer, il en sera
» dressé, dans les vingt-quatre heures, en présence de
» deux témoins pris dans l'équipage ou parmi les passa-
» gers, un double acte, dont un sur le livre-journal
» du bâtiment, et l'autre sur une feuille particulière : les
» deux actes seront signés par le capitaine ou maître, par
» le père s'il est présent, et par les deux témoins. Si
» le père ou les témoins appelés ne savent ou ne peuvent
» signer, ou refusent de le faire, il en sera fait mention.
» L'acte écrit sur une feuille particulière restera dans
» les mains du maître, lequel sera tenu de le remettre,
» dans les vingt-quatre heures de l'arrivée du navire
» en France, à l'officier de l'état civil du lieu où abordera
» le navire : il sera inscrit, le même jour, sur le registre
» des naissances ; et cette inscription sera signée par celui
» qui se trouvera être le maître du bâtiment dans le temps
» de l'arrivée, et par l'officier de l'état civil. »

Le CONSUL CAMBACÉRÉS dit qu'il est nécessaire de prévoir les accouchemens qui ont lieu dans les camps et aux armées.

La section est chargée de prendre note de cette obser-vation.

Le C. TRONCHET dit que les tribunaux d'appel séant à Bordeaux et à Besançon, ont demandé qu'on prévît le cas où le vaisseau, après avoir touché à un port étran-ger, périrait ensuite en revenant en France. Pour remé-dier à cet accident, qui compromettrait la preuve de l'état de l'enfant, ces tribunaux proposent d'obliger le capi-taine à déposer une expédition de l'acte de naissance dans le premier port étranger où il aborderait, et d'en remettre une seconde au lieu de l'arrivée du navire en France ; d'ordonner ensuite l'envoi d'une expédition de l'acte de naissance au domicile des père et mère, pour être inscrit sur les registres de l'état civil.

Le C. THIBAUDEAU dit que la section a examiné cette proposition ; qu'elle n'a pas cru devoir l'admettre, parce qu'il est difficile de trouver dans un port étranger un fonctionnaire qui reçoive la déclaration du capitaine.

Le C. BERLIER ajoute que d'ailleurs cette précaution deviendrait inutile si le navire faisait naufrage., puisqu'on ne saurait pas en France qu'il a touché à un port étranger, ni quel est ce port, ni à quels officiers l'expédition de l'acte aurait été déposée.

Le C. TRONCHET dit que le commerce connaît les événemens arrivés aux navires.

Le C. CRETET dit qu'il est d'usage de faire une déclaration de relâche et des événemens de mer dans les ports étrangers où l'on trouve un fonctionnaire français ; que le fait de la naissance d'un enfant se place naturellement dans cette déclaration.

Le PREMIER CONSUL dit qu'il convient d'obliger le capitaine à transmettre sa feuille particulière à son arrivée en Europe, et de l'autoriser à l'envoyer à l'officier de l'état civil, lorsqu'il ne pourra la lui remettre.

Le C. THIBAUDEAU dit qu'on pourrait ordonner au capitaine de déposer sa feuille dans le premier port européen, et d'en envoyer une expédition à l'officier de l'état civil.

Le PREMIER CONSUL dit qu'il suffit de ne pas contrarier, par la rédaction de l'article en discussion, ce qui pourra être ensuite déterminé par les réglemens de la marine sur les cas qu'on prévoit.

L'article est adopté, sauf rédaction.

L'article XXIV est soumis à la discussion ; il est ainsi conçu :

« Tout individu qui aura trouvé un enfant nouveau-
» né, sera tenu de le remettre à l'officier de l'état civil, et
» de lui déclarer les vêtemens et signes extérieurs trouvés
» avec l'enfant, et toutes les circonstances du temps et
» du lieu où il aura été trouvé. Il en sera dressé procès-
» verbal détaillé ; il demeurera annexé à l'acte de remise

» de l'enfant, qui énoncera son âge apparent, son sexe,
» le nom qui lui sera donné, et qui sera inscrit sur le
» registre des naissances. »

Le Premier Consul dit qu'un enfant qui n'a pas
de père, devenant l'enfant de la République, le commissaire du Gouvernement près le tribunal, ou le préfet,
doivent aussi être avertis par celui qui l'a trouvé.

Le C. Tronchet observe qu'il est néanmoins nécessaire de remplir d'abord, devant l'officier de l'état
civil, les formalités que prescrit l'article ; mais que
l'article est incomplet, en ce qu'il ne dit pas ce que
l'enfant deviendra ensuite : cependant on ne doit pas
autoriser la police à faire des recherches sur le père ou
sur la mère, de peur de donner lieu à des infanticides.

Le Premier Consul dit qu'il faut imposer à
l'autorité publique l'obligation d'envoyer l'enfant dans
un hospice.

Le C. Thibaudeau observe qu'il ne s'agit dans
cet article que de la manière de recueillir les renseignemens sur l'état de l'enfant ; que le reste n'est plus que
mesure administrative.

Le Premier Consul dit que si l'on n'explique
de suite ce que l'enfant devient, on efface les traces de
son état, et on rend difficiles les recherches que ses
parens pourront en faire un jour.

Le C. Bigot-Préameneu dit qu'un réglement de
1679 oblige l'autorité civile à remettre à l'hospice de
Paris les enfans trouvés dans cette ville, et l'hospice à
faire une déclaration ; qu'on pourrait étendre ce réglement à toutes les villes où il y a des hospices ; que, dans
les villes où il n'y en a pas, l'officier de l'état civil
porterait l'enfant à l'hospice le plus voisin.

Le Premier Consul dit qu'il est indispensable
d'exprimer dans le procès-verbal le lieu où l'enfant a été
déposé, afin que sa famille puisse le retrouver.

Le C. Tronchet partage cette opinion.

L'article est adopté avec les amendemens du Premier
Consul.

La Séance est levée.

À PARIS, DE L'IMPRIMERIE DE LA RÉPUBLIQUE.

8 Brumaire an X.